LA
REVANCHE
DE RAOUL

COMÉDIE EN UN ACTE

PAR

M. PAUL DE MARGALIERS

PARIS

TRESSE, ÉDITEUR

8, 9, 10, 11, GALERIE DU THÉÂTRE-FRANÇAIS

PALAIS-ROYAL

1880

LA
REVANCHE DE RAOUL

COMÉDIE EN UN ACTE

Représentée pour la première fois, à Paris, sur le théâtre du VAUDEVILLE,
le 12 octobre 1880.

Imprimerie générale de Châtillon-sur-Seine, Jeanne Robert.

LA
REVANCHE DE RAOUL

COMÉDIE EN UN ACTE

DE

M. PAUL DE MARGALIERS

PARIS

TRESSE, ÉDITEUR

GALERIE DU THÉATRE-FRANÇAIS

PALAIS-ROYAL

1880

PERSONNAGES

RAOUL DE SENILHAC, 30 ans . . . , MM. Gabriel Roger
ALBERT DE VERLANGES, son ami,
    30 ans . . . .   Faure.
JOSEPH, domestique. . . . . . .   Cottet.
Mme DE BEAULIEU, 50 ans . . . . . Mmes Génat.
La vicomtesse LOUISE DE PONTALAIS,
    fille de Madame de Beaulieu, 22 ans.   Nancy Martel.
CÉCILE DE BEAULIEU, fille de Madame
    de Beaulieu, 18 ans. . . . . . .   J. Goby.

De nos jours, au château de Beaulieu, près Paris.

Pour la mise en scène détaillée, s'adresser à M. Paul Boisselot, régisseur général du théâtre du Vaudeville.

LA
REVANCHE DE RAOUL

Un salon de campagne élégant. — Trois fenêtres au fond ; celle du milieu
ouvre sur une terrasse. Porte à gauche et à droite au second plan. Au
premier plan, à droite, une cheminée surmontée d'une glace ; en face,
une console, surmontée également d'une glace. — Sur le devant de la
scène, une table à ouvrage.

SCÈNE PREMIÈRE

MADAME DE BEAULIEU, LOUISE, CÉCILE.

Madame de Beaulieu et Louise sont occupées à des ouvrages de tapisserie ;
Cécile va de leur table à la fenêtre d'un air très agité.

MADAME DE BEAULIEU.

Mon Dieu ! quelle agitation, mon enfant !

LOUISE.

Cécile ! ma sœur, ne vois-tu rien venir ?

CÉCILE.

Rien, toujours rien !

1

LOUISE.

Ne t'alarme pas, ma chère, M. de Verlanges ne peut tarder à arriver.

CÉCILE.

Tu en parles à ton aise; si, comme moi, tu attendais ton fiancé!...

LOUISE.

Est-ce bien réellement Albert que tu attends avec cette impatience?

MADAME DE BEAULIEU.

Pour mon compte, je crois que s'il ne devait ramener avec lui ce petit équipage qu'il a eu la faiblesse de te promettre...

LOUISE.

Et s'il ne devait surtout rapporter en même temps ta corbeille...

CÉCILE.

Vous êtes méchantes toutes les deux ! (Rires de madame de Beaulieu et de Louise.) Toi, surtout, Louise; parce que tu es l'aînée et que tu étais déjà veuve à vingt ans.

MADAME DE BEAULIEU.

Eh bien! eh bien! mademoiselle...

LOUISE.

Laisse-la dire; j'aurai mon tour, et je me propose de sermonner Albert.

CÉCILE.

Parce que?

LOUISE.

Parce qu'il te gâte trop vraiment.

CÉCILE.

Je te conseille de parler ; ce pauvre vicomte de Pontalais, ton mari, ne te gâtait pas, peut-être?

MADAME DE BEAULIEU, à Louise.

Attrape! (A Cécile.) Tu oublies, mon enfant, que le vicomte était un père pour ta sœur. Son âge lui conseillait beaucoup de complaisances qui ne seront peut-être pas du goût de M. de Verlanges.

CÉCILE.

L'âge n'y fait rien, il faudra qu'il agisse de même ou sinon...

ALBERT, en dehors.

C'est bien, c'est bien; Joseph va te conduire à ma chambre.

CÉCILE, à la fenêtre.

C'est lui, enfin! Oh! maman, la jolie voiture, et l'amour de petit poney!

LOUISE.

A qui parle Albert?

CÉCILE.

A un monsieur qui a l'air grognon, oh! mais grognon!... Ah! les voici qui montent.

Elle court ouvrir la porte de gauche.

SCÈNE II

LES MÊMES, ALBERT.

ALBERT, serrant la main que lui tend Cécile.

Mesdames!... (A Cécile.) Eh bien! ai-je réussi, l'équipage est-il de votre goût?

CÉCILE.

Oh! oui, et je ne sais comment vous remercier:

ALBERT.

Je vous le dirai... plus tard. Pour le moment... (A Joseph qui entre avec la corbeille.) Posez cela sur la console.

Joseph pose la corbeille et sort.

CÉCILE.

Oh! ma corbeille, voyons vite...

ALBERT.

Une minute, je vous prie; j'ai d'abord à m'excuser auprès de madame de Beaulieu.

MADAME DE BEAULIEU.

De quoi donc?

ALBERT.

D'avoir, sans autorisation préalable, pris la liberté de vous amener un convive.

MADAME DE BEAULIEU.

Un convive?

ALBERT.

Oui, un de mes amis qui avait bien voulu m'accompagner une partie de la route. Il comptait prendre tantôt le chemin de fer pour rentrer à Paris ; malheureusement, quand nous sommes arrivés à la station...

MADAME DE BEAULIEU.

Le train était parti?

ALBERT.

Justement ; alors pour ne pas le laisser se morfondre jusqu'à neuf heures dans une auberge de village...

MADAME DE BEAULIEU.

Vous l'avez amené, et vous avez bien fait ; mais pourquoi ne pas nous le présenter tout de suite?

ALBERT.

J'ai voulu d'abord lui donner le temps de secouer sa poussière, et surtout... sa mauvaise humeur.

LOUISE.

Sa mauvaise humeur?...

ALBERT.

Sa fureur, devrais-je dire. Il avait ce soir un rendez-vous.

CÉCILE.

Hein?

ALBERT.

D'affaires; un rendez-vous d'affaires.

LOUISE, ironique.

Ce soir?

CÉCILE.

C'est donc pour cela qu'il avait l'air si grognon...

MADAME DE BEAULIEU.

Et comment se nomme cet ami si occupé?

ALBERT.

Raoul de Senilhac.

LOUISE, à part.

Lui, ici!...

CÉCILE.

Ah! ce monsieur qui aime tant les voyages?

ALBERT.

Justement. (Cécile va considérer sa corbeille.) Il est arrivé depuis deux jours seulement et... (A Louise.) Mais qu'avez-vous, chère sœur? Vous paraissez troublée...

MADAME DE BEAULIEU.

En effet, te voilà toute pâle...

LOUISE.

Ce n'est rien, la chaleur, sans doute... (Bas à sa mère.) Tâchez d'éloigner Cécile, il faut que je vous parle à l'instant même.

MADAME DE BEAULIEU.

Ah ! (Geste suppliant de Louise.) Cécile?

CÉCILE.

Maman?

MADAME DE BEAULIEU.

Ces messieurs doivent mourir de soif, dix lieues en plein soleil, au mois de juin! Et pour toi... c'est bien le moins que tu ailles leur faire préparer des rafraîchissements; d'ailleurs, tu dois avoir hâte d'admirer ton équipage...

CÉCILE.

Traduction littérale : « Tu es de trop ici, mon enfant, va faire un tour de promenade, va, ma petite fille. » (On rit.) J'aurais pourtant bien voulu voir ma corbeille.

MADAME DE BEAULIEU.

Personne ne l'ouvrira avant ton retour, ainsi...

CÉCILE.

J'obéis encore aujourd'hui, mais (Menaçant Albert du doigt.) dans quelques jours...

ALBERT, le reconduisant.

– Oh! oh! de l'insurrection... déjà! Je crois que je ferais mieux de renoncer à mes projets.

CÉCILE.

Oh! vous vous en garderez bien...

ALBERT.

Parce que?...

CÉCILE.

Parce que personne ne vous aimera jamais...

ALBERT.

Hein!...

CÉCILE, s'enfuyant à mi-voix.

Comme je vous aime!

ALBERT.

Ange, va!

Il lui envoie des baisers.

SCÈNE III

ALBERT, MADAME DE BEAULIEU, LOUISE.

MADAME DE BEAULIEU.

Maintenant, ma chère enfant, nous voilà seuls, explique-toi bien vite.

LOUISE.

Ma mère, il faut que je parte à l'instant même; je ne veux pas être vue de M. de Senilhac.

ALBERT.

Vous connaissez Raoul?

LOUISE.

Si je le connais! Il ne vous a jamais parlé de moi?

ALBERT.

Jamais. Comment l'aurait-il fait d'ailleurs? Je l'ai vu ce matin pour la première fois depuis six mois, et ne lui ai communiqué mon mariage qu'en venant ici tout à l'heure. Or, comme tout à mademoiselle Cécile, j'ai, je crois bien, oublié de lui parler de vous, il ignore complétement votre existence.

LOUISE.

Il ignore mon nom tout au plus.

MADAME DE BEAULIEU.

Tu t'es déjà rencontrée avec lui?

LOUISE.

Oui, il y a deux ans en Belgique.

ALBERT.

En Belgique?

LOUISE.

A Spa, où m'avait envoyée mon médecin. M. de Pontalais, souffrant de la maladie dont il mourut quelques mois plus tard et ne pouvant m'accompagner, m'avait engagée, pour éviter les importunités, à prendre le nom de ma femme de chambre; c'est sous le nom de celle-ci que M. de Senilhac m'a connue.

ALBERT.

Mais alors, cette madame Dupuis, dont j'ai eu les oreilles rebattues si souvent, cette femme pour laquelle il a giflé à Spa, un imbécile qui la poursuivait, c'était vous?...

LOUISE.

C'était moi; et quelques jours après, votre ami, abusant du service rendu, me forçait pour échapper à ses impertinentes déclarations de quitter secrètement la ville.

MADAME DE BEAULIEU.

Tu ne m'avais jamais rien dit de cette aventure.

LOUISE.

A quoi bon? Comprenez-vous maintenant que je ne puisse rester?

ALBERT.

Mais pas du tout, pas du tout; la situation n'est plus la même : il y a deux ans, votre mari vivait; mais aujourd'hui vous êtes veuve, libre, Raoul vous aime...

LOUISE.

Lui?...

ALBERT.

Mieux que cela : il vous adore. C'est dans l'espoir de vous rencontrer, d'obtenir son pardon qu'il court depuis deux ans, toutes les stations thermales d'Europe, et sans ce malheureux pseudonyme, il y a beaux jours qu'il vous aurait retrouvée !...

LOUISE.

Et c'est ce que je veux éviter;... aussi...

ALBERT.

C'est de l'obstination ; car où pourrez-vous trouver un mari qui vous convienne mieux? Raoul est riche... beau garçon, recherché partout.

LOUISE.

En effet, à Paris, je n'entendais parler que de ses bonnes fortunes.

ALBERT, à part.

Aie !... (Haut.) Autrefois, peut-être ; mais depuis votre rencontre, vous seule... croyez-le bien...

LOUISE.

Vraiment? Eh bien, et madame de Préjonzac, et mademoiselle Anita, et madame de Langlecy, et son rendez-vous de ce soir?

ALBERT, à part.

Elle a donc un agent secret à ses ordres! (Haut.) Liaisons éphémères! distractions de jeune homme, leur nombre même est une preuve de leur peu d'importance.

LOUISE.

Vous trouvez?...

1.

ALBERT.

Sans doute. (A madame de Beaulieu.) Voyons, madame, joignez-vous à moi; je vous jure que Raoul a pour votre fille l'affection la plus sérieuse...

MADAME DE BEAULIEU.

Si vous en répondez...

ALBERT.

Mieux que cela; je m'engage à vous le prouver aujourd'hui même.

LOUISE.

Vous?

ALBERT.

Moi!

LOUISE.

En vérité, vous me donneriez envie... ne serait-ce que pour vous punir de votre présomption...

ALBERT.

Essayez...

MADAME DE BEAULIEU.

Cela ne t'engage à rien.

LOUISE.

Vous le voulez tous les deux; eh bien! soit...

ALBERT.

Bravo! Ne perdons pas de temps, alors.

MADAME DE BEAULIEU.

Quel est votre projet?

ALBERT.

Je vais vous l'expliquer chez vous; car si Raoul nous surprenait ici...

MADAME DE BEAULIEU.

C'est juste.

LOUISE, à part.

Pourquoi mon cœur bat-il si fort?

MADAME DE BEAULIEU, elle prend le bras d'Albert.

Allons! viens, mon enfant! et courage!

ALBERT, à Louise.

Courage et bon espoir!

SCÈNE IV

RAOUL, JOSEPH.

Joseph entre au moment où Albert, madame de Beaulieu et Louise
viennent de disparaître.

JOSEPH.

Si monsieur veut prendre la peine d'entrer, je vais
aller prévenir madame et M. Albert.

RAOUL.

Inutile de déranger personne, j'attendrai.

Joseph sort.

SCÈNE V

RAOUL, seul.

Parbleu! je puis attendre maintenant; mon rendez-
vous est manqué, bien manqué... et avant que je re-

trouve une occasion semblable... Après tout, qui sait?...
Et puis, une de perdue!... Ah çà! où peut être Albert?
Dans le jardin, sans doute, à roucouler... Voyons un peu.
(Il s'avance sur la terrasse et regarde au dehors.) Oh! l'admirable
site et le splendide horizon. Comme le soleil, en se cou-
chant là-bas dans ces étangs, éclaire de teintes chaudes
la sombre verdure de la forêt! Quelle sérénité dans cette
modeste église de village perdue au milieu des arbres.
On dirait, à voir sa flèche élancée s'élever ainsi au milieu du feuillage, qu'elle se dresse pour mieux protéger
les blanches maisons éparses çà et là sur la colline. L'on
doit être heureux ici... Albert a peut-être raison... Moi
aussi, si la destinée l'eût voulu...

> Il reste un moment rêveur en regardant au dehors : pendant ce temps
> madame de Beaulieu et Albert rentrent sans être entendus de lui.

SCÈNE VI

RAOUL, ALBERT, MADAME DE BEAULIEU.

ALBERT, à la cantonade, à demi-voix.

Dans un instant, quand je vous ferai signe. (Haut à
Raoul.) Ah! te voilà, enfin! (Raoul se retourne vivement et s'incline
devant madame de Beaulieu.) M. de Sénilhac, madame.

MADAME DE BEAULIEU.

Soyez le bienvenu, monsieur.

> Raoul s'incline.

ALBERT.

Tu étais en extase, avoue-le.

RAOUL.

Il est vrai; le coup d'œil qu'on a de cette terrasse, est
si merveilleux!

MADAME DE BEAULIEU.

Voilà un éloge dont je vous remercie pour notre modeste vallée; elle n'en est pas, du reste, tout à fait indigne, et vous pourrez mieux en juger, si, comme je l'espère, vous voulez bien nous donner quelques jours.

ALBERT.

Lui! oh! n'y comptez pas, madame; depuis une heure il se désole à l'idée de passer la soirée en votre compagnie.

MADAME DE BEAULIEU.

Comment!

RAOUL.

Albert, madame, abuse des priviléges de l'amitié et je n'ai pas besoin de vous dire combien, au contraire, je remercie le hasard... mais un inconnu qui s'impose ainsi...

En ce moment, Louise qui est entrée sur un signe d'Albert, s'avance, salue Raoul et va parler à sa mère.

SCÈNE VII

LES MÊMES, LOUISE.

RAOUL, à part.

Ah! mon Dieu!

ALBERT, à part.

La reconnaissance. Tableau!

RAOUL.

Au nom du ciel, Albert, quelle est cette jeune femme?

ALBERT.

Ma chère Louise, permettez-moi de vous présenter

M. de Senilhac, un ami d'enfance; Raoul, madame la vicomtesse de Pontalais, née de Beaulieu, (Raoul s'incline.) ma fiancée.

RAOUL.

Ta fiancée! (Bas à Albert.) Tu m'avais dit que tu épousais une jeune fille.

ALBERT.

Oh! Louise a été mariée si peu de temps et (Se penchant à son oreille.) entre nous, ce pauvre vicomte...

MADAME DE BEAULIEU, à Raoul.

Nous allons nous occuper de votre installation, Albert et moi, car vous nous restez, c'est convenu.

RAOUL.

Vous y mettez, madame, une si aimable insistance....
Il la reconduit vers la porte de gauche en lui parlant bas.

ALBERT, à Louise.

Vous m'avez bien compris; allons ferme, de la coquetterie, maintenant, et surtout pas de faiblesse !
Il va rejoindre madame de Beaulieu et Raoul.

LOUISE, à part.

Pas de faiblesse. Je tâcherai.
Albert et madame de Beaulieu sortent.

SCÈNE VIII

RAOUL, LOUISE.

RAOUL, revenant vivement.

Vous! c'est donc vous, que je retrouve enfin, madame !
LOUISE, froide.

Mon Dieu, oui, monsieur, c'est bien moi.

RAOUL.

Vous que j'ai tant cherchée depuis deux ans !

LOUISE.

Prenez garde, monsieur, la vicomtesse de Pontalais,
pas plus que madame Dupuis, n'est disposée à tolérer
certaines impertinences.

RAOUL.

Impertinence ! Ah ! vous êtes cruelle, madame.

LOUISE.

Certaines légèretés, si vous le préférez. D'ailleurs,
soyez-en sûr, aujourd'hui comme autrefois, vous per-
driez votre temps... Faites mieux... vous êtes l'ami le
plus intime d'Albert... Moi, bientôt, je vais devenir sa
femme... Nous sommes par conséquent destinés à nous
voir souvent ; tâchons alors de vivre en bonne intelligence ; dans ce but, évitons toute allusion à notre précé-
dente rencontre... Pour tout le monde ici, notre con-
naissance date d'aujourd'hui seulement ; qu'il en soit de
même pour nous. Nos relations n'en seront que plus agréa-
bles. Vous êtes un homme d'esprit ; de mon côté je ne
passe pas pour trop ennuyeuse... Voyez-vous d'ici les
charmantes causeries, à nous trois, l'hiver, au coin du
feu... Restons donc sur le terrain de l'amitié ; cela vaudra
mieux, croyez-moi, que d'aller remuer dans le passé, des
souvenirs... au moins inutiles... Est-ce convenu ? Oui,
n'est-ce pas ? Eh bien ! asseyez-vous là et causons comme
de vieux amis... de cinq minutes.

RAOUL.

Causons... de quoi ?

LOUISE.

De vous d'abord... de vos voyages ; vous avez beaucoup couru le monde, m'a dit Albert.

RAOUL, à part.

Albert, toujours Albert !

LOUISE.

Connaissez-vous Biarritz ?

RAOUL, embarrassé.

J'y ai passé quelques semaines, l'année dernière, à la
fin de la saison.

LOUISE.

Alors vous avez dû remarquer une belle personne qui,
dit-on, y faisait tourner toutes les têtes... madame...
madame... aidez-moi donc.

RAOUL, très troublé.

Mais je ne sais...

LOUISE.

Attendez ! son nom me revient... Madame de Landre...
de Langle... de Langlecy... C'est cela, madame de Langlecy.

RAOUL, à part.

Où veut-elle en venir ?

LOUISE.

Vous ne vous la rappelez pas ?

RAOUL, de plus en plus troublé.

Mon Dieu !...

LOUISE.

La chronique ajoute que cette belle dame semblait
porter un intérêt très vif à certain cavalier, et que celui-
ci de son côté...

RAOUL, vivement.

Oh ! ne le croyez pas, madame ; je vous jure bien...
(A part.) Maladroit !

LOUISE.

C'était donc vous? Mes compliments, monsieur, car
madame de Langlecy...

RAOUL.

Vos compliments, madame, s'adresseraient mal; madame de Langlecy est une coquette dont les fantaisies
n'ont jamais été prises au sérieux par personne.

LOUISE.

En êtes-vous bien sûr?

RAOUL.

Pourrait-il en être autrement? Une femme dont les ca-
prices se règlent sur la couleur de ses toilettes...

LOUISE.

Je ne comprends plus.

RAOUL.

C'est pourtant bien simple : les jours où madame de
Langlecy est en bleu ou en rose, les blonds seuls ont
quelque chance de succès auprès d'elle; est-elle, au
contraire, en jaune ou en rouge : tout l'avantage est
pour les bruns. L'amour pour elle?... Affaire de nuance,
question d'assortiment; pas autre chose.

LOUISE.

C'est au moins original ! Alors, le jour où vous l'avez
rencontrée?...

RAOUL.

Elle avait une robe... caroubier [1].

LOUISE.

Ah ! ah ! (Avec une hésitation simulée.) Et dites-moi, porte-
t-elle longtemps la même toilette?

____

1. Au lieu de caroubier, mettre bleu tendre, si l'artiste chargé du rôle
de Raoul est blond.

RAOUL.

Jamais plus de trois fois, madame.

LOUISE.

C'est une habitude?

RAOUL.

Mieux que cela; c'est un principe.

LOUISE.

Alors le caroubier?

RAOUL.

Fit bientôt place au bleu tendre...

LOUISE.

Et vous?

Elle fait de la main un geste vers la porte.

RAOUL.

Naturellement; je n'étais plus dans le ton.

LOUISE.

Et vous vous êtes consolé?

RAOUL.

Sur-le-champ.

LOUISE.

Grâce, peut-être, aux soins compatissants de mademoiselle Anita, la jolie danseuse de Milan.

RAOUL, à part.

Décidément c'est un examen de conscience. (Haut.) Qui
a pu vous dire?

LOUISE.

Une de mes amies, qui, pour raison de santé, passe
les hivers en Italie et qui m'adresse, toutes les semaines,

un vrai journal... Cela ne vous contrarie pas que je vous
rappelle ainsi vos...?

RAOUL.

Mes folies ! Dites le mot, madame...

LOUISE.

Non, vos légèretés... En tous cas, celle-ci n'a pas été
de longue durée ; car vous avez tout d'un coup, paraît-il,
quitté Milan en plein hiver.

RAOUL.

C'est vrai.

LOUISE.

Le motif de ce brusque départ ?

RAOUL.

Mon désir de revoir Paris ; j'avais la nostalgie du boule-
vard.

LOUISE, riant.

Des Capucines ?

RAOUL.

Hein ?

LOUISE.

N'est-ce pas là qu'habite madame de Préjonzac ?

RAOUL, très grave.

En effet ; mais à cette époque, je n'avais pas l'honneur
de connaître madame de Préjonzac.

LOUISE.

On vous cite pourtant parmi ses plus intimes, aujour-
d'hui.

RAOUL.

On aurait pu vous dire, aussi, parmi ses plus dévoués.

LOUISE.

Oh! oh! quel enthousiasme! Quelle personne est-ce?
Genre Langlecy ou Anita?

RAOUL.

Genre Pontalais, madame.

LOUISE, se levant vivement.

Qu'est-ce à dire, monsieur?

RAOUL.

C'est à dire que madame de Préjonzac est une honnête
femme qui, comme telle, a droit au respect de tous. Veuve
comme vous, et me croyant libre de tout engagement,
elle m'eût peut-être distingué si je ne l'avais loyalement
avertie de sa méprise.

LOUISE.

De sa méprise?

RAOUL.

Oui, car elle avait pris pour de l'amour ce qui n'é-
tait de ma part que déférence et sympathie.

LOUISE.

Et vous l'avez avertie... à temps?

RAOUL.

J'ai eu l'honneur de vous dire que madame de Préjonzac était une honnête femme.

LOUISE, à part.

C'est bien, cela. (Haut.) Pourquoi ne l'aimiez-vous pas?

RAOUL, s'animant peu à peu.

Parce que j'en aimais une autre, une femme que,
dans un moment de délire, j'avais involontairement of-
fensée et qui, pour me punir, s'était enfuie sans me

laisser un mot, un indice qui pût me mettre sur sa trace. Cette femme, je l'ai vainement cherchée pendant six mois ; puis un jour, lassé, désespérant de la trouver jamais, j'ai voulu l'oublier. J'ai cru que cela me serait possible ! Insensé que j'étais ! A chaque tentative nouvelle, je comprenais bien vite que son souvenir était plus fort que toutes les réalités, et l'unique résultat de mes folies a été de me prouver qu'une seule image remplissait mon âme et qu'il n'y avait place en mon cœur que pour un seul amour.

LOUISE, à part.

Si je pouvais le croire ! Mais à combien d'autres en a-t-il dit autant !

RAOUL, à part.

Elle paraît émue !

LOUISE, froidement.

Décidément, monsieur, vous êtes incorrigible ! Vous me forcez encore une fois à vous rappeler que je ne m'appartiens pas.

RAOUL.

Oh ! ne me parlez pas ainsi, madame, ne me rappelez pas ce mariage qui me rendrait odieux un ami de vingt ans !... Est-ce que c'est possible, cela ? Vous n'aimez pas, vous ne pouvez pas aimer Albert !

LOUISE, riant.

Eh bien, il serait flatté, s'il vous entendait. Justement le voici !

Bruit au dehors.

RAOUL.

Un mot... par pitié, je vous en supplie.

La porte s'entr'ouvre.

LOUISE.

Impossible, monsieur, il est trop tard. (Albert entre en parlant à la cantonade. A part.) Pauvre garçon, il a pourtant l'air sincère !

Raoul se détourne en se cachant le visage dans ses mains.

SCÈNE IX

LES MÊMES, ALBERT.

ALBERT, à la cantonade.

Je vais la prévenir. (A Louise.) Ma chère Louise, votre mère vous réclame pour quelques minutes.

LOUISE.

J'y vais : messieurs...

Elle salue, et se dirige vers la porte avec Albert.

RAOUL, à part.

Elle ne l'aime pas, j'en suis sûr ! Si je pouvais le décider adroitement à renoncer à elle !

ALBERT, bas à Louise.

Etes-vous convaincue ?

LOUISE, bas à Albert.

Presque.

ALBERT, même jeu.

Eh ! bien, passez dans le boudoir et prêtez l'oreille... Si, après ce que vous allez entendre, vous avez encore des doutes...

Louise sort.

SCÈNE X

RAOUL, ALBERT.

ALBERT.

Ah ! mon gaillard, tu peux te vanter d'être bien ac-

cueilli... on vient de te préparer un gîte... L'apparte-
ment même du vicomte... C'est d'un confortable... Une
vue... Toute la vallée...et dans le lointain...

RAOUL, l'interrompant.

Il s'agit bien de tout cela! — Devine un peu la découverte que je viens de faire...

ALBERT.

Tu as fait une découverte... ici? (Il se retourne en ayant l'air
de chercher autour de lui.) Je ne vois pas.

RAOUL.

Madame de Pontalais...

ALBERT.

Tu as découvert madame de Pontalais, tout seul?...

RAOUL.

Attends donc... madame de Pontalais n'est autre
que...

ALBERT.

Que mademoiselle de Beaulieu... La Palisse, va!

RAOUL.

Que madame Dupuis.

ALBERT, jouant la surprise.

Hein! Ta passion de Spa?... Quelle plaisanterie!...

RAOUL.

C'est elle, te dis-je, en personne; madame Dupuis était
un pseudonyme.

ALBERT.

Ah! bah!

RAOUL.

Comprends-tu maintenant ma surprise, mon bonheur?

ALBERT, *sèchement.*

Ta surprise, oui, ton bonheur, non.

RAUOL.

Comment, tu sais que depuis deux ans, ma vie n'a eu qu'un but, retrouver une femme! Et tu ne comprends pas ma joie, le jour où le hasard me met en présence de cette femme, où je la retrouve libre...

ALBERT.

Halte-là! mon cher, elle n'est pas libre...

RAOUL.

N'est-elle pas veuve?

ALBERT.

Oui, mais pas pour longtemps, (*Se dandinant avec fatuité.*) quinze jours.

RAOUL.

Jamais!... tant que je vivrai, du moins...

ALBERT.

Ta parole d'honneur?

RAOUL, *essayant de se contenir.*

Voyons, entre nous, avoue que tu ne l'aimes pas... sérieusement?

ALBERT.

Toi, tu es à peindre.

RAOUL, *très animé.*

Dans tous les cas, elle ne t'aime pas, elle; j'en suis convaincu.

ALBERT.

Pour ça, tu as raison.

RAOUL.

Ah! tu vois...

ALBERT.

Elle m'adore.

RAOUL, furieux.

Tais-toi donc; ce n'est pas vrai.

ALBERT, très sec.

Ah! en voilà assez sur ce sujet; brisons là, je te prie; je te le répète pour la dernière fois, j'aime Louise, j'en suis aimé et avant peu nous ferons le meilleur ménage du monde...

RAOUL.

Si ce mariage a lieu.

ALBERT.

C'est peut-être toi qui l'empêcheras?

RAOUL.

Tu t'en doutes bien un peu, n'est-ce pas?

ALBERT.

Prends garde, mon cher, l'amitié a des bornes.

RAOUL, avec emportement.

Eh! franchis-les, si elles te gênent.

ALBERT, de même.

Va-t'en au diable à la fin, tu m'impatientes. Tu auras attrapé un coup de soleil, bien sûr.

RAOUL, le regardant fixement.

Tu sais que je n'aime pas les impertinences.

ALBERT, même jeu.

Ni moi, les entêtements ridicules...

RAOUL.

Pas un mot de plus ou sinon.

Il fait un geste insultant.

ALBERT, *furieux.*

Une pareille insulte. A moi! Tu m'en rendras raison.

RAOUL.

Quand tu voudras! Aussi bien est-ce le seul moyen d'en finir!

ALBERT.

Le temps de prévenir deux voisins de campagne, et je suis à toi.

RAOUL.

Soit, j'attendrai ici.

Il se dirige vers le fond.

ALBERT, *à part, souriant.*

Et dire que cet animal-là n'hésiterait pas à se faire tuer pour moi!... O sainte amitié, comme tu disparais vite, au premier souffle de l'amour! (*Il sort.*) Courons prévenir Louise.

SCÈNE XI

RAOUL, *seul ; au bruit que fait la porte en se refermant, il tressaille et semble sortir d'un rêve, puis s'élance du côté par où Albert a disparu en s'écriant :*

Albert!... Albert!... (*Avec abattement.*) Parti... Oh! malheureux! qu'ai-je fait?... Je viens de l'insulter lui, mon meilleur ami, presque mon frère! Et dans un instant nous allons nous trouver face à face, l'épée à la main, et je vais peut-être... Comment sortir de là? Que faire? Mon Dieu, que faire?

En disant ces derniers mots, il s'est dirigé vers la terrasse et a disparu au dehors.

SCÈNE XII

RAOUL, sur la terrasse, CÉCILE.

CÉCILE.

Elle entr'ouvre doucement la porte de droite et passe d'abord seulement la
tête.

Personne... Je me risque. (Elle entre tout à fait.) Maintenant, vite un coup d'œil à ma corbeille. (Elle soulève le couver-
cle et pousse un cri d'admiration ; à ce cri, Raoul la regarde, stupéfait, mais
sans entrer.) Oh! les superbes dentelles ! le beau châle! (Elle
le met, puis ouvre un écrin.) Le magnifique bracelet! (Elle le
passe à son bras, puis tire un chapeau et se place devant la glace pour se
coiffer.) Comprend-on ce complot entre Albert et Louise
pour m'empêcher d'admirer ces merveilles... qui sont à
moi, après tout. (Elle se regarde.) Comme cela vous donne
tout de suite un air respectable! (Se faisant des saluts dans la
glace.) Madame, j'ai bien l'honneur... Comment se porte
votre mari, madame?

Pendant qu'elle continue son manége, Raoul entre en scène.

RAOUL, à part.

Que signifie cette mascarade? (Cécile l'aperçoit et pousse un
cri.) Pardon, madame, de vous déranger ainsi...

CÉCILE, se débarrassant à la hâte de tout ce qu'elle a pris.

Oh! je ne vous avais pas vu, monsieur, et... me croyant
seule... j'essayais... vous comprenez... on a hâte...

RAOUL, à part.

Qui peut-elle bien être?

CÉCILE.

Depuis une heure, on m'empêche, on me retient, et
j'avais tant d'envie de voir cette corbeille...

RAOUL.

La corbeille de madame de Pontalais?

CÉCILE, étonnée.

De ma sœur?

Elle rit.

RAOUL.

Votre sœur? Madame de Pontalais est votre sœur?

CÉCILE.

Sans doute; ne le saviez-vous pas?

RAOUL.

Et cette corbeille?

CÉCILE.

Est celle que M. de Verlanges, votre ami, m'a apportée aujourd'hui même...

RAOUL.

A vous?

CÉCILE.

Sans doute, à moi, Cécile de Beaulieu, sa fiancée...

RAOUL.

Sa fiancée! Vous aussi?...

CÉCILE, indignée.

Moi aussi! mais il n'en a jamais eu d'autre.

RAOUL.

Pardonnez-moi, mademoiselle, mais ce que vous m'apprenez là me semble si étrange...

CÉCILE.

C'est pourtant bien simple...

RAOUL.

Bien simple, bien simple... Vous êtes sûre que c'est vous qu'Albert doit épouser?

CÉCILE.

Dans quinze jours, pas plus tard ; mais d'où venez-vous donc pour ignorer tout cela ?

RAOUL.

Ah ! de bien loin, je vous le jure !

Il se promène avec agitation.

CÉCILE, avant de ranger la corbeille.

Qu'est-ce qu'il a donc ?

RAOUL, à part.

Je comprends tout. Ah ! pauvre amoureux naïf, comme on s'est amusé de toi ! C'est égal, rira bien qui rira le dernier. (Revenant vers Cécile, haut.) Pardonnez-moi mon trouble, mademoiselle ; mais je n'ai pu en face de tant de candeur, de confiance... Ah ! pauvre enfant ! pauvre enfant !

CÉCILE, étonnée.

Que voulez-vous dire, monsieur ? Pourquoi me plaignez-vous ?

RAOUL.

Ainsi, vous ne vous doutez de rien ?

CÉCILE.

Expliquez-vous, monsieur, vous m'effrayez.

RAOUL.

C'est que je vais peut-être vous faire bien de la peine.

CÉCILE.

Oh ! n'importe, parlez, je le veux.

RAOUL.

Soit. Albert vous a dit qu'il vous aimait, n'est-ce pas ?

CÉCILE, souriant.

Souvent !

2.

RAOUL.

Et il vous a laissé croire que son vœu le plus cher
était de vous voir devenir sa femme?

CÉCILE.

Il me l'a juré.

RAOUL.

Eh bien! mademoiselle, tout cela est faux! on vous
trompe...

CÉCILE.

On me trompe! qui? M. Albert?

RAOUL.

Oui, Albert, d'accord avec madame de Pontalais.

CÉCILE.

Albert! ma sœur! me tromper! Allons, vous êtes fou,
monsieur.

RAOUL.

Hein!

CÉCILE.

Vous êtes dans l'erreur, veux-je dire.

RAOUL.

Je le voudrais... malheureusement...

CÉCILE.

Le motif d'une pareille perfidie?...

RAOUL.

Ne l'avez-vous pas deviné? Albert en aime une autre...

CÉCILE.

Louise?... (Signe affirmatif de Raoul.) Oh! mon Dieu! mon
Dieu!

RAOUL.

Et c'est elle qu'il doit épouser. (A part.) Pauvre enfant!

CÉCILE.

C'est impossible! Tant de duplicité!...

RAOUL.

Vous ne vous êtes jamais aperçue de leur intelligence?

CÉCILE.

Au fait, attendez donc... Tous ces mystères entre Louise et Albert... leurs efforts pour me retenir loin de ce salon...

RAOUL.

C'est cela; ils craignaient une révélation de ma part.

CÉCILE.

Cependant, leur conduite serait tellement odieuse qu'à moins d'une preuve positive...

RAOUL.

En croiriez-vous vos yeux?

CÉCILE.

Oui certes; mais comment faire?

RAOUL.

Je m'en charge; seulement, un mot encore.

CÉCILE.

Dites!

RAOUL.

Une fois convaincue de l'indignité d'Albert, comptez-vous lui pardonner?

CÉCILE.

Moi, je ne le reverrai de ma vie.

RAOUL.

Très bien ; alors, peut-être, vous daignerez, permettre à un autre d'essayer de vous le faire oublier?

CÉCILE.

Un autre? qui donc? (Raoul se désignant du geste.) vous?...

RAOUL.

Oui, moi, dont on a aussi méconnu l'affection et fait saigner le cœur, moi qui, désolé il y a une heure, suis à présent bien heureux, car depuis que je vous ai vue, je le sens, c'est vous, c'est vous seule que j'aime.

CÉCILE.

Vous m'aimez! Et vous ne me connaissiez pas, il y a cinq minutes!...

RAOUL.

En faut-il davantage pour apprécier tout ce qu'il y a en vous de grâce, de beauté, d'innocence!...

CÉCILE.

Mais je ne vous aime pas moi, monsieur...

RAOUL.

Et vous en aimez un autre, un perfide, un ingrat!...

CÉCILE.

Oh! la preuve, la preuve de sa trahison...

RAOUL.

Et vous me permettrez?

CÉCILE.

Peut-être.

Bruit au dehors.

RAOUL.

Eh bien! placez-vous là derrière ce rideau, (Il la conduit

vers la fenêtre de gauche.) et quoi que vous entendiez, pas un
geste! pas une parole!...

CÉCILE.

Je vous le promets.

Elle se cache derrière le rideau que Raoul laisse tomber sur elle, au
moment où Louise entre.

RAOUL, à part.

A mon tour, maintenant.

SCÈNE XIII

RAOUL, LOUISE, CÉCILE, cachée.

LOUISE, à part, sans voir Raoul.

Albert avait raison, M. de Senilhac m'aime décidément... Dieu! la belle soirée! (Apercevant Raoul qui, près de la
terrasse, feint de ne l'avoir pas vue. Haut.) Comment, vous êtes
là tout seul, monsieur?

RAOUL, feignant la surprise.

Oh! pardon, madame .. oui, je suis seul... Albert vient
de me quitter, il y a un instant.

LOUISE.

Vous ne lui avez pas fait part de votre découverte, au
moins?

RAOUL.

Ne m'aviez-vous pas recommandé le secret?

LOUISE.

C'est vrai, mais je craignais... Ainsi, il ne se doute de
rien?

RAOUL.

De rien absolument.

LOUISE, à part.

Il ment avec une assurance qui m'inquiète. (Haut.) Depuis que je vous ai quitté, vous avez dû réfléchir, sans doute?

RAOUL.

Etonnamment, madame.

LOUISE, à part.

Quel comédien! (Haut.) En vérité?

RAOUL.

J'ai compris bien vite l'inutilité de mes espérances : essayer de l'emporter sur Albert, un homme qui n'est jamais allé à Milan ni à Biarritz, enfin qui n'a jamais fait le moindre voyage, c'était de la démence! et puisque vous l'aimez, (Avec intention.) car vous l'aimez, n'est-il pas vrai?

LOUISE.

Certainement.

<blockquote>Pendant toute cette scène et la suivante, Cécile montre de temps en temps la tête, et témoigne par l'agitation du rideau de l'attention qu'elle prête à ce qui se dit.</blockquote>

RAOUL.

Et vous êtes bien décidée à l'épouser?

LOUISE.

Avant un mois je serai sa femme.

CÉCILE, à part.

Oh ! l'horreur !

RAOUL.

J'ai donc bien fait de me résigner.

LOUISE, à part.

Disons comme lui. (Haut.) Vous m'en voyez ravie, car s'il faut vous l'avouer, je n'étais pas précisément rassurée, en vous laissant en tête-à-tête avec Albert; la patience n'est pas, dit-on, votre vertu dominante !

Elle va regarder les fleurs sur la terrasse.

RAOUL.

Nous valons mieux que notre réputation, madame. (A part, voyant entrer Albert.) Enfin, voici l'autre... quel air tragique !

SCÈNE XIV

LES MÊMES, ALBERT.

ALBERT, il porte une paire d'épées sous le bras, et feint de ne pas voir Louise.

Quand tu voudras, ces messieurs nous attendent.

LOUISE, feignant la surprise.

Monsieur de Verlanges, quel ton ! que signifie...?

Albert prend l'air embarrassé.

RAOUL, à part.

Est-il assez nature, le gredin !

LOUISE, à Albert.

Que tenez-vous là? (Elle entr'ouvre le paquet.) Des épées ! (A Raoul.) Vous m'avez trompée, vous allez vous battre.

Raoul et Albert baissent la tête.

RAOUL, à part.

Elle est aussi d'une assez jolie force !

LOUISE.

Lequel de vous a provoqué l'autre ?

RAOUL, piteux.

Hélas, madame, c'est moi.

LOUISE, grave.

Vous, qui à l'instant même me disiez...

RAOUL.

La vérité, madame ; j'ai eu, j'en conviens, un moment de folie ; mais, Dieu merci, la raison m'est revenue à temps, et vous pouvez être tranquille, ce duel n'aura pas lieu.

CÉCILE, à part.

Qu'est-ce que tout cela signifie ?

ALBERT, étonné.

C'est sérieusement que tu parles ?

RAOUL.

Très sérieusement ; j'espère que tu voudras bien accepter mes excuses, et je t'engage à serrer au plus vite ta petite quincaillerie.

ALBERT.

Un pareil changement ?...

RAOUL.

Quoi de plus naturel ? Je n'avais pas le sens commun, tantôt ; tu ne m'en veux plus au moins ?

ALBERT.

Non, mais...

RAOUL.

Que veux-tu ! j'ai réfléchi... Puisque madame t'adore
et que de ton côté, tu l'aimes, n'est-ce pas?...

ALBERT.

De toute mon âme !

CÉCILE, à part.

Oh ! le monstre !

ALBERT, se retournant.

Hein !

LOUISE, même jeu.

Vous dites?

RAOUL.

J'ai donc pris le parti le plus sage. Ainsi, dors sur les deux
oreilles... S'il n'y a que moi pour troubler ton bonheur...

LOUISE, bas à Albert.

Je vous disais bien qu'il ne m'aimait pas !

ALBERT, même jeu.

Un instant. (Haut.) Eh bien ! et toi?

RAOUL.

Moi, heu, heu ! Je ne sais si c'est dans l'air qu'on res-
pire ici, mais je crois, ma parole, qu'il me vient aussi
des idées de mariage.

ALBERT.

Tu songerais à te marier?

RAOUL.

J'en ai peur.

ALBERT.

Mais, pour se marier, il faut être deux.

RAOUL.

Au moins ; aussi je compte être deux.

LOUISE.

Je devine... madame de Préjonzac, sans doute ?...

RAOUL.

Mieux que cela.

LOUISE, très émue.

Qui donc, en ce cas ?

RAOUL.

Qui ? un ange, une adorable enfant, la grâce et l'innocence mêmes, que j'aime déjà de toute mon âme et qui,
si elle ne m'aime peut-être pas encore beaucoup, ne
pourra résister longtemps aux preuves d'une affection
sincère et dévouée...

ALBERT.

Et ce phénix se nomme ?

RAOUL. Il va à la fenêtre et prenant Cécile par la main, la ramène sur
le devant de la scène.

Mademoiselle Cécile de Beaulieu.

ALBERT, stupéfait.

Cécile !

LOUISE, même jeu.

Ma sœur !

CÉCILE, indignée.

Oui, Cécile, oui, votre sœur, que vous ne supposiez pas

instruite de votre perfidie. Ah! me tromper ainsi, moi
si confiante, si crédule même, c'est indigne! (A Albert.)
Moi qui ce soir encore vous disais... Ah! c'est mal,
monsieur, c'est bien mal!

ALBERT.

Mais, ma chère Cécile...

LOUISE.

Attends au moins qu'on t'explique...

RAOUL, à part.

Tire-toi de là, mon bonhomme!...

CÉCILE.

Je ne suis plus votre chère Cécile, monsieur, et quant
à vous, ma sœur, épargnez-vous des explications
inutiles : j'ai tout entendu.

LOUISE, impatientée.

Laisse-nous donc parler, petite folle!

CÉCILE.

Folle, je l'ai été; (Regardant Albert.) mais Dieu merci,
c'est fini... (A Raoul.) Monsieur de Senilhac, vous pouvez
parler à ma mère.

RAOUL.

Mademoiselle... que de reconnaissance! (A part, regardant Albert.) Il a l'air d'une aurore boréale!

ALBERT, exaspéré.

Ah! mais, en voilà assez; comme vous y allez! (Les imi-
tant.) « Parlez à ma mère — Que de reconnaissance!... »
Ne dirait-on pas qu'il n'y a plus qu'à appeler le notaire
et à signer le contrat.

RAOUL, naïf.

Puisque mademoiselle m'autorise...

ALBERT.

Mais je n'autorise pas, moi!...

CÉCILE, ironique.

Eh bien! monsieur, on se passera de votre autorisation, voilà tout.

LOUISE.

En vérité tu perds la tête!...

CÉCILE, digne.

J'aime mieux perdre la tête que le cœur.

ALBERT.

Voyons, Raoul, cessons ce jeu, je t'en prie : tu sais bien que ce mariage est impossible...

RAOUL.

Parce que?

ALBERT.

Parce que Cécile est ma fiancée.

RAOUL.

Elle aussi! Ah çà! tu veux donc épouser toute la famille?

ALBERT.

Ecoute-moi donc...

RAOUL.

Et madame de Pontalais?

LOUISE.

Ce n'était pas sérieux.

RAOUL.

Pas sérieux! Et votre amour pour Albert, une plaisanterie, sans doute?

LOUISE.

Mais pas autre chose!

CÉCILE.

Une pareille dissimulation après ce que je viens d'entendre!...

RAOUL.

A d'autres! Vous vous aimez, vous vous adorez, mariez-vous, soyez heureux... (Prenant la main de Cécile sous son bras.) mais laissez-nous en faire autant de notre côté.

LOUISE, à part.

Comment le désabuser, maintenant! Oh! malheureuse!

Elle se laisse tomber dans un fauteuil.

ALBERT.

Il m'agace à la fin! (A Raoul.) Je te préviens que si tu ne finis pas cette sotte plaisanterie, nous allons nous fâcher.

RAOUL.

Après?

ALBERT.

Tu ne veux pas détromper Cécile?

RAOUL.

Encore! prends garde, le soleil était chaud aujourd'hui, et je crains...

ALBERT.

Trêve de raillerie!

RAOUL.

Je ne raille pas et je t'engage très sérieusement à te
faire administrer une douche.

ALBERT, furieux.

Une douche?

RAOUL.

On dit que c'est souverain pour les insolations.

ALBERT.

Assez de persiflage! Si tu as autant de cœur que de
langue...

RAOUL, hautain.

Qu'est-ce à dire?

ALBERT, saisissant les épées.

Tu vas me le prouver à l'instant même.

RAOUL.

Un duel?

ALBERT.

Et sérieux cette fois...

RAOUL, à part.

J'en étais sûr; ô amour, amour, quand tu nous tiens!

ALBERT.

Sortons!

Il prend les épées et se dirige vers la porte à gauche.

LOUISE, arrêtant Raoul.

Vous allez vous battre?

CÉCILE, barrant le chemin à Albert.

Une querelle entre vous, et pourquoi?

RAOUL, à Louise.

Non, rassurez-vous, une simple promenade hygiéni-
que.

ALBERT, à Cécile.

Comment! pourquoi?

LOUISE, à Raoul.

Raoul, de grâce, écoutez-moi!

CÉCILE, à Albert.

Deux amis! Oh!

ALBERT.

C'est toujours entre amis qu'on se bat.

RAOUL.

Soyez sans inquiétude madame; il n'a rien à crain-
dre de moi.

LOUISE.

Et qui vous dit que ce soit pour lui que je tremble?

RAOUL.

Enfin!

Il tombe à ses pieds.

LOUISE.

Comment? C'était un jeu?

RAOUL.

Ne m'aviez-vous pas donné l'exemple?

CÉCILE, à Albert.

Je vous répète que je ne veux pas que vous vous bat
tiez avec M. de Senilhac.

ALBERT.

Vous craignez que je ne le tue? Vous l'aimez donc
bien déjà?

CÉCILE.

Vous savez bien que ce n'est pas lui que j'aime!

ALBERT, lui saisissant les mains qu'il couvre de baisers.

Oh! ma Cécile adorée!

CÉCILE.

Vous ne voulez donc plus épouser Louise?

ALBERT.

Moi, grands dieux! (Il se retourne et aperçoit Raoul aux pieds de
Louise.) Tenez! voilà ma réponse. Il nous avait devinés et
a pris sa revanche.

CÉCILE.

M. de Senilhac, aux pieds de ma sœur?

ALBERT.

Dites de sa femme.

CÉCILE.

Ah! c'est ainsi. (A Raoul.) Eh bien! monsieur, et cette
grande passion pour votre humble servante!... si je m'é-
tais laissée prendre à vos belles paroles, cependant!...

RAOUL.

Impossible, chère sœur : quand des femmes comme
(Montrant Louise et Cécile.) vous, aiment, c'est pour la vie.

LOUISE.

Hé! hé! cela dépend.

ALBERT.

De qui?

LOUISE.

De celui qu'elles aiment.

SCÈNE XV

LES MÊMES, MADAME DE BEAULIEU, puis JOSEPH.

CÉCILE, à sa mère.

Oh! maman! une grande nouvelle. Louise épouse
M. de Senilhac.

RAOUL.

Si toutefois, vous donnez votre consentement à ce
mariage, madame?

MADAME DE BEAULIEU.

Ma fille est libre, monsieur, et si elle croit...

JOSEPH, ouvrant la porte.

Madame est servie!

Il se retire.

MADAME DE BEAULIEU, à Raoul et Albert qui s'avancent pour lui
offrir le bras.

Allons, offrez donc le bras à vos femmes, hypocrites!

Rideau.

FIN

IMPRIMERIE GÉNÉRALE DE CHATILLON-SUR-SEINE. — JEANNE ROBERT